Sunshine Chinese Textbook 4B

阳光汉语课本

主编　刘骏〔美〕
编者　魏慧萍　赵延风

2015年·北京

图书在版编目(CIP)数据

阳光汉语课本.4B /(美)刘骏主编;魏慧萍,赵延风编.—北京:商务印书馆,2015
阳光汉语系列教材
ISBN 978-7-100-11188-1

Ⅰ.①阳… Ⅱ.①刘…②魏…③赵… Ⅲ.①汉语—对外汉语教学—教材 Ⅳ.①H195.4

中国版本图书馆CIP数据核字(2015)第063643号

阳光汉语课本·4B
刘骏 主编 魏慧萍 赵延风 编

商 务 印 书 馆 出 版
(北京王府井大街36号 邮政编码100710)
商 务 印 书 馆 发 行
北京中科印刷有限公司印刷
ISBN 978-7-100-11188-1

2015年4月第1版 开本 889×1194 1/16
2015年4月北京第1次印刷 印张 8 ¼ 插页 1
定价:68.00元

PREFACE

As we all know, there are two critical factors affecting the learning of a foreign language. One is the environment in which learners are exposed to the language in its cultural surroundings and they can pick up the language and use it on almost all occasions because the society functions in that language. The other is the age of learning a language, with or without the language environment. It is a common belief that the earlier learners start acquiring a foreign language, the better they will learn as a result. Many studies on younger learners' learning of foreign languages suggest that there is a "critical period". Children who start learning a foreign language before the age of 13 or 14 are able to acquire pronunciation and intonation of that language more naturally. Correct pronunciation and intonation will, in return, help learn vocabulary, ease communication, and boost self-confidence.

There are many success stories about early learning of a foreign language, such as Canadian early immersion programs and bilingual programs in many US elementary schools. But there are few examples of successful learning of Chinese as a foreign language for children, especially younger children. Apart from the lack of sufficient teachers, effective methodology and comprehensive curricula, a major reason is the lack of age-appropriate materials that are fun-filled, quick to learn, and easy to assess.

As such, we have designed and developed our Chinese for Youth series titled "Sunshine Chinese" that caters to elementary and junior high students as they develop the basic communicative competence in Chinese language. This series is the first attempt to align the vocabulary and language functions with the Youth Chinese Test (YCT) developed by Hanban (Office of Chinese Language Teaching International).

This YCT-friendly textbook series will greatly assist learners with self-assessment and provide needed feedback for teachers to understand their learners' learning outcome unit after unit and book after book in the series. The theme story, which weaves through the entire series of four textbooks, is contextualized in an international school in China where children from all parts of the world are befriended in a multicultural and supportive environment. Our rationale for Sunshine Chinese is: Experience Chinese, Understand China, and Appreciate the World.

It has taken an entire team's dedication to this project for the last couple of years. As series editor, I would first and foremost thank Editor-in-Chief of the Commercial Press, Dr. Hongbo Zhou whose insight, determination, and steady support have been impeccable. My sincere gratitude and appreciation also go to the entire team: Dr. Huiping Wei, Professor Xiuqing Wang, Master Teacher Wen Yi, Professor Yanlan Zhang, and Professor Yanfeng Zhao for their expertise, experience, and great synergies in shaping and reshaping the textbooks in this series. As the characters grow in the series, so do our authors' confidence, enthusiasm, and expectations.

As the Vice President of the International Society of Chinese Language Teaching (ISCLT), senior consultant of Hanban, former Director of Confucius Institute at the University of Arizona, and current Associate Provost for International Initiatives at Georgia State University, I am excited about this first-ever YCT-friendly book series. I sincerely hope that this series will be adopted by as many schools as possible. Through the feedback and input, we, together, will make this series better as the next generation of multilingual talents develop to make this world a better place for us all.

Jun Liu

Editor, Sunshine Series

HOW TO USE THIS BOOK

The Sunshine Chinese series is designed to help students learn Chinese language and culture in a meaningful context by means of stories. This book series, written in accordance with the syllabus of YCT (Youth Chinese Test), appears in 8 volumes with 6 units per book, and each level includes two books. Each book is accompanied by a Workbook and a Teachers' Guidebook.

The central idea of Sunshine Chinese is to immerse young Chinese learners into a series of interesting stories in which rich Chinese culture is imbedded. Each unit starts with a picture page that gives some brief clues of the story including context, background, people, and so forth. It helps young learners with imagination and be ready for the story that will unfold in front of them. The real story starts from the first page with "Let's Read" and all conversations are written in Chinese characters with Pinyin for all of them. The third part for each unit is a list of new vocabulary and grammar, including Pinyin for each new character, which allows learners to find out easily the new points in each unit.

The Workbook, attached to the textbook, is designed with practical activities in accordance with the content of the textbook, with ten or

even more activities for each unit. Each activity is clearly defined by its type including matching, pasting, observing, interview, and so forth. The activities in each unit include practices of listening, speaking, reading, and writing (especially according to the standard of YCT4) with worksheets provided for each activity. The format allows the teacher to pick and choose the activities according to the students' need and time limit. To make the learning more fun, an interesting song for each unit is provided, with the lyrics from the text and melody easy and familiar. All songs are recorded on CD.

The common purpose of the Workbook and the Teachers' Guidebook is to provide teachers with more accessible teaching resources to make the teaching smoother, happier and full of fun. It also provides students with rich activities to make the learning more meaningful and effective. The learners will get plenty of opportunity to practice the vocabulary, sentence patterns and communicative sessions that they have learned.

Young Chinese learners, now we will open the fourth book of Sunshine Chinese, which means you will soon face up to the higher grade of YCT. Congratulations! Sunshine Chinese will continually bring you embark on the road of learning Chinese in stories, and also open the window of Chinese culture for you.

使用说明

为了帮助汉语学习者在富有意义的故事文本中学习汉语和中国文化，我们设计、编写了《阳光汉语》。这套丛书以新中小学生汉语考试（YCT）大纲为纲，共八册，每两册书对应YCT的一个级别，每册书包括六个单元，并配有活动手册和教师指导手册。

《阳光汉语》的核心理念是让年轻的汉语学习者在一系列富含中国文化元素的有趣故事中沉浸学习。每个单元都从一页图画开始，这些图画描绘出课文故事的场景、人物等线索，帮助学习者充分发挥想象力并且准备好学习即将展开在他们面前的故事。课文完全用加注拼音的汉字呈现，每课均配有词汇表。另外，每个单元都列出生词和语法点，以便让学习者明了本单元的学习重点。

学生用书附有活动手册，活动手册提供与课文内容配套的实用活动，每单元提供十个或更多的活动，每个活动都有清晰的题旨说明，如连线、粘贴、观察、采访等。这些活动涵盖了听、说、读、写（特

别是根据YCT4的书写要求设计了练习书写的活动）。教师可以根据学生的实际水平和课堂时间灵活选择。每个活动都有活动页，供学生使用。为了增加趣味性，每个单元都有一首歌曲，歌词来自课文重点句型，旋律朗朗上口。所有歌曲都有配套CD。

课本和教师手册的共同目标是为教师提供切实可用的教学资源，从而使教学更顺畅、活泼、圆满。丰富的活动也让学习过程变得有趣而有效，学习者能够充分练习所学汉语词汇、句型和交际会话。

年轻的汉语学习者们，我们已经一起走到了《阳光汉语》的第四册，这意味着你们即将面对YCT汉语考试的高阶，祝贺你们！希望《阳光汉语》继续陪伴你，在故事中快乐学习汉语，领略中国文化。

TABLE OF CONTENTS

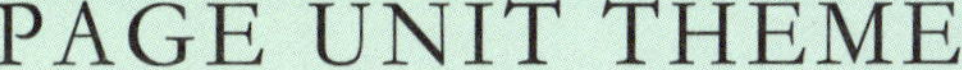

TEXTBOOK

WORKBOOK

第7课
互相帮助

Zuìjìn wǒmen xué de Hànzì yuèláiyuè duō le, dàjiā xuéxí
最近我们学的汉字越来越多了，大家学习
dōu hěn nǔlì, mǎshàng jiù yào kǎoshì le, xīwàng dàjiā hù-
都很努力，马上就要考试了，希望大家互
xiāng bāngzhù, rènzhēn fùxí. Jīntiān de zuòyè shì bǎ dì yè
相帮助，认真复习。今天的作业是把第10页
de Hànzì xiě biàn.
的汉字写3遍。

Tāngmǔ, qù tǐyùguǎn dǎ pīngpāngqiú ma?
汤姆，去体育馆打乒乓球吗？

Wǒ hěn xiǎng qù, dànshì wǒ zhèngzài xiě Hànzì zuòyè.
我很想去，但是我正在写汉字作业。

Nǐ kěyǐ děng wǒ yíhuìr ma?
你可以等我一会儿吗？

Kěyǐ, wǒ xiān qù túshūguǎn jiè shū, ránhòu qù tǐyùguǎn
可以，我先去图书馆借书，然后去体育馆

děng nǐ. Nǐ kuài yìdiǎnr, xíng ma?
等你。你快一点儿，行吗？

Xíng! Wǒ mǎshàng jiù qù.
行！我马上就去。

P60 学校 医院 商店 体育馆 图书馆

公共汽车站

P70 比赛 队 队 张 错 明白

开始

P80 窗户被打破了。 外面刮大风了。

汤姆发烧了。 汤姆突然肚子疼。

田老师会生气吗? 汤姆睡醒了。

P100 冰激凌 果汁 可乐 筷子 杯子 饼干 川菜

西红柿 烤鸭 饺子 羊肉

Hézǐ, dǎrǎo yíxià, nǐ xiànzài máng ma?
和子，打扰一下，你现在忙吗？

Wǒ zhèngzài xiě Yīngyǔ zuòyè ne.
我正在写英语作业呢。

Tài hǎo le! Wǒmen kěyǐ hùxiāng bāngzhù.
太好了！我们可以互相帮助。

Hùxiāng bāngzhù?
互相帮助？

Nǐ bāng wǒ xiě Hànzì zuòyè, wǒ bāng nǐ xiě Yīngyǔ zuòyè.
你帮我写汉字作业，我帮你写英语作业。

Xíng ma?
行吗？

Kǒoshì de shíhou zěnme bàn? Nǐ bāng wǒ kǎo Yīngyǔ, wǒ bāng nǐ

考试的时候怎么办？你帮我考英语，我帮你

kǎo Hànzì?

考汉字？

Dāngrán bù xíng!

当然不行！

Wǒ yǒu yí gè hǎo bànfǎ, nǐ bāng wǒ fùxí Yīngyǔ, wǒ bāng nǐ
我有一个好办法，你帮我复习英语，我帮你

fùxí Hànzì, hǎo ma?
复习汉字，好吗？

Hǎo!
好！

第7课 Vocabulary

互相	hùxiāng
最近	zuìjìn
努力	nǔlì
马上	mǎshàng
认真	rènzhēn
复习	fùxí
页	yè
体育馆	tǐyùguǎn
正在	zhèngzài
等	děng
一会儿	yíhuìr

图书馆	túshūguǎn
借	jiè
然后	ránhòu
打扰	dǎrǎo
帮	bāng

Supplementary Words

考	kǎo
学	xué
汉字	Hànzì

第8课 Vocabulary

极	jí
排队	páiduì
比赛	bǐsài
讲	jiǎng
张	zhāng
或者	huòzhě
讨论	tǎolùn
明白	míngbai
准备	zhǔnbèi
开始	kāishǐ
容易	róngyì
旧	jiù
错	cuò
加	jiā
用	yòng
告诉	gàosu
中间	zhōngjiān
减	jiǎn
句子	jùzi
一共	yígòng
挂	guà
非常	fēicháng

Supplementary Words

卡片	kǎpiàn
男生	nánshēng
日	rì
分	fēn
班	bān
母	mǔ
黑板	hēibǎn

第8课 猜字游戏

Jīntiān de Hànzìkè wǒmen wán cāi zì yóuxì, hǎo bù hǎo?
今天的汉字课我们玩猜字游戏，好不好？

Tài hǎo le!
太好了！

Hǎo jí le!
好极了！

Nǐmen xiān páiduì, nánshēng yí duì, nǚshēng yí duì, liǎng gè duì lái bǐsài, tóngyì bù tóngyì?
你们先排队，男生一队，女生一队，两个队来比赛，同意不同意？

Tóngyì!
同意！

Xiànzài wǒ jiǎng yíxià wán de bànfǎ. Wǒ zhèr yǒu jǐ zhāng kǎ-
现在我讲一下玩的办法。我这儿有几张卡

piàn, měi zhāng kǎpiàn shang dōu xiězhe zì huòzhě huàzhe huàr.
片，每张卡片上都写着字或者画着画儿。

Dàjiā xiān kàn kǎpiàn, ránhòu cāi zì, kěyǐ hùxiāng tǎo-
大家先看卡片，然后猜字，可以互相讨

lùn. Tīng míngbai le méiyǒu?
论。听明白了没有？

Tīng míngbai le!
听明白了！

Hǎo, zhǔnbèi, kāishǐ! Qǐng kàn dì-yī zhāng, kǎpiàn shang xiě-
好，准备，开始！请看第一张，卡片上写

zhe sān gè zì: yī rì lǐ. Cāi yí gè zì.
着三个字：一日里。猜一个字。

Zhè tài róngyì le, shì "xīn jiù" de "jiù", duì bú duì?
这太容易了，是“新旧”的“旧”，对不对？

田

Duìbuqǐ, cāicuò le.
对不起，猜错了。

Wǒ zhīdào le, shì "Tián lǎoshī" de "tián", yīnwèi bǎ yī fàng zài rì de lǐmiàn, jiù shì tián.
我知道了，是“田老师”的“田”，因为把一放在日的里面，就是田。

Zhēn cōngming! Nǚshēngduì jiā yì fēn.
真聪明！女生队加一分。

Xiànzài qǐng kàn dì-èr zhāng, kǎpiàn shang xiězhe yí gè zì:
现在请看第二张，卡片上写着一个字：

shí, yòng zhège zì cāi liǎng gè Hànzì.
十，用这个字猜两个汉字。

Tài nán le, gàosu wǒmen ba.
太难了，告诉我们吧。

Zài xiǎng yì xiǎng, kěyǐ gàosu nǐmen, zhè shì wǒmen yí gè
再想一想，可以告诉你们，这是我们一个

2:0

田

十

tóngxué de xìng.
同学的姓。

Wǒ zhīdào le, shì "Tiánzhōng", "shí" zài "tián" de zhōngjiān.
我知道了，是“田中”，“十”在“田”的中间。

Fēicháng cōngming! Nǚshēngduì zài jiā yì fēn.
非常聪明！女生队再加一分。

Xiànzài qǐng kàn dì-sān zhāng, kǎpiàn shang háishi yí gè zì: guì,
现在请看第三张，卡片上还是一个字：贵，

yòng zhège zì cāi wǒmen bān yí gè tóngxué de míngzi.
用这个字猜我们班一个同学的名字。

Hā hā, wǒ zhīdào le, shì Wáng Bèibei! "Guì", "Zhōngguó
哈哈，我知道了，是王贝贝！“贵”，“中国

de yí gè bǎobèi".
的一个宝贝”。

Cōngming jí le! Nánshēngduì jiā yì fēn. Xiànzài qǐng kàn zhè yì
聪明极了！男生队加一分。现在请看这一
zhāng: "hǎo" jiǎn "zǐ" jiā "mǔ", cāi yí gè jùzi,
张："好"减"子"加"母"，猜一个句子，
zhège jùzi li yǒu wǒmen bān yí gè tóngxué de míngzi.
这个句子里有我们班一个同学的名字。
Tīng qīngchu le ma?
听清楚了吗？

Hā hā hā, wǒ zhīdào le, shì "Tāngmǔ bú yào tāng"!
哈哈哈，我知道了，是“汤姆不要汤”！

Tài cōngming le! Nǚshēngduì yígòng fēn. Xiànzài wǒ bǎ qítā kǎpiàn guàdào hēibǎn shang, dàjiā cāicai shì shéi de míngzi.
太聪明了！女生队一共3分。现在我把其他卡片挂到黑板上，大家猜猜是谁的名字。

第9课 教室的窗户被打破了

Tián lǎoshī, jiàoshì de chuānghu bèi dǎpò le.
田老师，教室的窗户被打破了。

Wǒ kànkan, dàgài shì zuótiān wǎnshang guā dàfēng, chuānghu bèi fēng guākāi le.
我看看，大概是昨天晚上刮大风，窗户被风刮开了。

Dànshì, gāngcái wǒmen jìnlái de shíhou, chuānghu guānzhe ne.
但是，刚才我们进来的时候，窗户关着呢。

Zhēn qíguài.
真奇怪。

Wǒ juéde chuānghu dàgài shì bèi rén dǎpò de.
我觉得窗户大概是被人打破的。

Tián lǎoshī, Tāngmǔ dǎ diànhuà shuō tā shēngbìng le, jīntiān bù néng lái xuéxiào.
田老师，汤姆打电话说他生病了，今天不能来学校。

Tā zěnme le?
他怎么了？

Tā shuō zǎoshang xǐnglái, tūrán dùzi téng de hěn lìhai, hái
他说早上醒来，突然肚子疼得很厉害，还

yǒudiǎnr fāshāo.
有点儿发烧。

Zǎoshang hǎo!
早上好！

Tāngmǔ!
汤姆！

Tāngmǔ, nǐ bú shì shēngbìngle ma? Rúguǒ bù shūfu, nàme
汤姆，你不是生病了吗？如果不舒服，那么

jiù yīnggāi zài jiāli xiūxi.
就应该在家里休息。

Duìbuqǐ, Tián lǎoshī, wǒ méiyǒu shēngbìng.
对不起，田老师，我没有生病。

Nǐ méiyǒu shēngbìng?
你没有生病？

Zuótiān xiàwǔ wǒ zài xiàoyuán li tī zúqiú de shíhou, bù xiǎoxīn
昨天下午我在校园里踢足球的时候，不小心
bǎ qiú tīdàole jiàoshì de chuānghu shang, chuānghu bèi qiú dǎpò
把球踢到了教室的窗户上，窗户被球打破
le. Wǒ hàipà bèi lǎoshī shuō, bù gǎn lái xuéxiào, jiù gěi Lǐ
了。我害怕被老师说，不敢来学校，就给李
Xīn'ài dǎ diànhuà shuō dùzi téng··· Lǎoshī, duìbuqǐ, wǒ
心爱打电话说肚子疼……老师，对不起，我

cuò le!
错了！

Tāngmǔ, nǐ zhīdào zìjǐ cuò le, gǎn mǎshàng gàosu lǎoshī,
汤姆，你知道自己错了，敢马上告诉老师，

nǐ zhēn shì ge jì yǒnggǎn yòu chéngshí de háizi.
你真是个既勇敢又诚实的孩子。

Wǒ yǐwéi nín tīngle huì hěn shēngqì ne.
我以为您听了会很生气呢。

Wǒ bù shēngqì, dànshì wǒ xīwàng, nǐ yǐhòu tī zúqiú de shíhou, yào…
我不生气，但是我希望，你以后踢足球的时候，要……

Xiǎoxīn!
小心！

Zhùyì ānquán!
注意安全！

Kàn qīngchu!
看清楚！

Hā hā hā, yào "pò mén", búyào "pò chuāng"!
哈哈哈，要“破门”，不要“破窗”！

第9课 Vocabulary

窗户	chuānghu
被	bèi
破	pò
大概	dàgài
刚才	gāngcái
醒	xǐng
肚子	dùzi
厉害	lìhai
发烧	fāshāo
如果	rúguǒ
那么	nàme
应该	yīnggāi
校园	xiàoyuán
小心	xiǎoxīn
害怕	hàipà
勇敢	yǒnggǎn
孩子	háizi
以为	yǐwéi
生气	shēngqì

Supplementary Words

下午	xiàwǔ
诚实	chéngshí

第10课 Vocabulary

报纸	bàozhǐ
周末	zhōumò
参加	cānjiā
爬山	páshān
健康	jiànkāng
杂志	zázhì
有名	yǒumíng
邻居	línjū
祝贺	zhùhè
老	lǎo
年轻	niánqīng
习惯	xíguàn
无论	wúlùn
脸	liǎn
刷牙	shuāyá
刻	kè
锻炼	duànliàn
住	zhù
层	céng
电梯	diàntī
楼	lóu
附近	fùjìn
功夫	gōngfu
新闻	xīnwén
散步	sànbù
儿子	érzi
孙子	sūnzi
坚持	jiānchí
工作	gōngzuò
上班	shàngbān
紧张	jǐnzhāng
停	tíng
地	de
生活	shēnghuó
必须	bìxū
站	zhàn
特别	tèbié

Supplementary Words

记者	jìzhě
高寿	gāoshòu
早起	zǎoqǐ
有时候	yǒushíhou
怕	pà
祝	zhù

第10课
不怕慢，就怕站

Bèibei, tīngshuō nǐ yéye shàng bàozhǐ le.
贝贝，听说你爷爷上报纸了。

Duì, shàngge zhōumò tā cānjiāle "jiǔ jiǔ" páshān bǐsài yǐhòu, bàozhǐ、diànshì、jiànkāng zázhì dōu lái zhǎo tā, xiànzài yéye yǒumíng le.
对，上个周末他参加了“九九”爬山比赛以后，报纸、电视、健康杂志都来找他，现在爷爷有名了。

Duō hǎo a, nǐ yǒule yǒumíng de yéye, wǒmen yǒule yǒumíng de línjū.

多好啊，你有了有名的爷爷，我们有了有名的邻居。

Háizimen, kuài lái kàn, Wáng yéye shàng diànshì le.

孩子们，快来看，王爷爷上电视了。

Qǐngwèn nín jīnnián gāoshòu?
请问您今年高寿？

suì le. Lǎo le, dànshì wǒ de xīn hěn niánqīng.
79岁了。老了，但是我的心很年轻。

Tīngshuō zhè cì bǐsài, nín shì dì-shí míng. Zhùhè nín! Nín
听说这次比赛，您是第十名。祝贺您！您

shēntǐ zhème jiànkāng, yǒu shénme hǎo bànfǎ?
身体这么健康，有什么好办法？

Wǒ xíguàn zǎoqǐ, wúlùn chūn xià qiū dōng, dōu wǔ diǎn qǐ-
我习惯早起，无论春夏秋冬，都五点起

chuáng. Xǐliǎn shuāyá hòu, wǔdiǎn yíkè, yídìng zhǔnshí chū-
床。洗脸刷牙后，五点一刻，一定准时出

qù duànliàn. Wǒ jiā zhù shí céng, wǒ bú zuò diàntī, jīngcháng
去锻炼。我家住十层，我不坐电梯，经常

zǒuzhe shàng xià lóu.
走着上下楼。

Nín píngshí zěnme duànliàn?
您平时怎么锻炼？

Wǒ jiā fùjìn yǒu ge gōngyuán, yǐqián wǒ jīngcháng zài nàr pǎobù huòzhě liànxí Zhōngguó gōngfu, xiànzài lǎo le, jīngcháng yìbiān tīng xīnwén, yìbiān sànbù. Yǒushíhou zhōumò hé érzi、sūnzi yìqǐ qù pápa shān.
我家附近有个公园，以前我经常在那儿跑步或者练习中国功夫，现在老了，经常一边听新闻，一边散步。有时候周末和儿子、孙子一起去爬爬山。

Tīngshuō zhè cì bǐsài, hěn duō niánqīngrén méiyǒu nín pá de kuài.
听说这次比赛，很多年轻人没有您爬得快。

Yīnwèi wǒ yìzhí jiānchí duànliàn, niánqīngrén gōngzuò máng, shàng-
因为我一直坚持锻炼，年轻人工作忙，上

bān tài jǐnzhāng, bù jīngcháng duànliàn. Bǐsài kāishǐ tāmen bǐ
班太紧张，不经常锻炼。比赛开始他们比

wǒ kuài, dànshì zhōngjiān lèi le, jiù tíng xiàlái, wǒ bù tíng
我快，但是中间累了，就停下来，我不停

de pá, jiù dàole qiánbian. Shēnghuó zhōng wúlùn zuò shénme,
地爬，就到了前边。生活中无论做什么，

dōu bìxū jiānchí, "bú pà màn, jiù pà zhàn".
都必须坚持，“不怕慢，就怕站”。

Nín shuō de tài hǎo le, jīntiān hé nín liáotiānr tèbié gāoxìng,
您说得太好了，今天和您聊天儿特别高兴，

wǒ xuédào hěn duō, xièxie nín, zhù nín jiànkāng!
我学到很多，谢谢您，祝您健康！

Wáng yéye shuō de duō hǎo a! Xīn'ài, nǐ gāi qù liàn gāngqín le.
王爷爷说得多好啊！心爱，你该去练钢琴了。

Bú pà màn, jiù pà zhàn!
不怕慢，就怕站！

第11课 爸爸请客

Wèile zhùhè yéye páshān、 Bèibei kǎoshì qǔdé hǎo chéngjì,
为了祝贺爷爷爬山、贝贝考试取得好成绩，

míngtiān wǎnshang wǒ qǐngkè.
明天晚上我请客。

Tài hǎo le. Wǒmen qù chī shénme?
太好了。我们去吃什么？

Qǐng nǐmen chī kǎoyā、 chī yángròu huòzhě chī chuāncài, nǐmen kěyǐ
请你们吃烤鸭、吃羊肉或者吃川菜，你们可以

xuǎnzé.
选择。

Chuāncài bùxíng, māma pà là. Yéye, wǒmen chī kǎoyā háishi chī yángròu?

川菜不行，妈妈怕辣。爷爷，我们吃烤鸭还是吃羊肉？

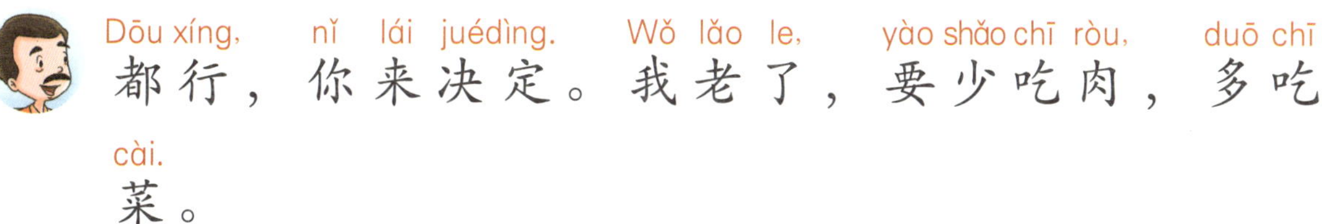

Dōu xíng, nǐ lái juédìng. Wǒ lǎo le, yào shǎo chī ròu, duō chī cài.

都行，你来决定。我老了，要少吃肉，多吃菜。

Nà chī kǎoyā ba, nín kěyǐ duō yào yìxiē cài. Wǒ kěyǐ qǐng
那吃烤鸭吧，您可以多要一些菜。我可以请

wǒ de péngyou qù ma?
我的朋友去吗？

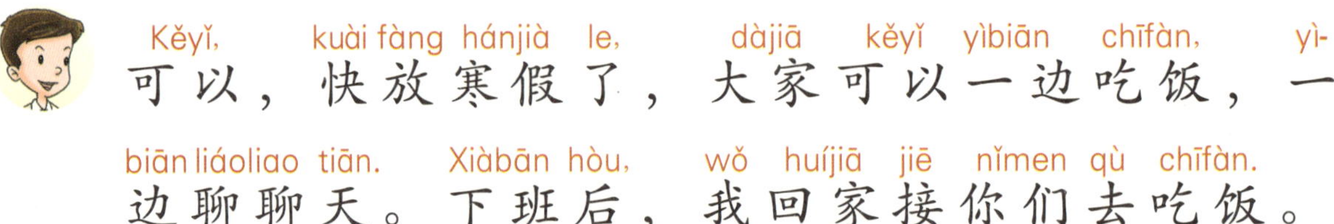

Kěyǐ, kuài fàng hánjià le, dàjiā kěyǐ yìbiān chīfàn, yì-
可以，快放寒假了，大家可以一边吃饭，一

biān liáoliao tiān. Xiàbān hòu, wǒ huíjiā jiē nǐmen qù chīfàn.
边聊聊天。下班后，我回家接你们去吃饭。

Hǎo, hǎo, wǒ zhīdào le. Bié dānxīn, tā bàba huì zhàogù háizimen de.
好，好，我知道了。别担心，他爸爸会照顾孩子们的。

Yéye, shénme shì?
爷爷，什么事？

Bèibei, nǐ māma shuō zhèngzài kāihuì, kěnéng hěn wǎn huílai.
贝贝，你妈妈说正在开会，可能很晚回来。

Méiguānxi, bàba dài wǒmen qù chī.
没关系，爸爸带我们去吃。

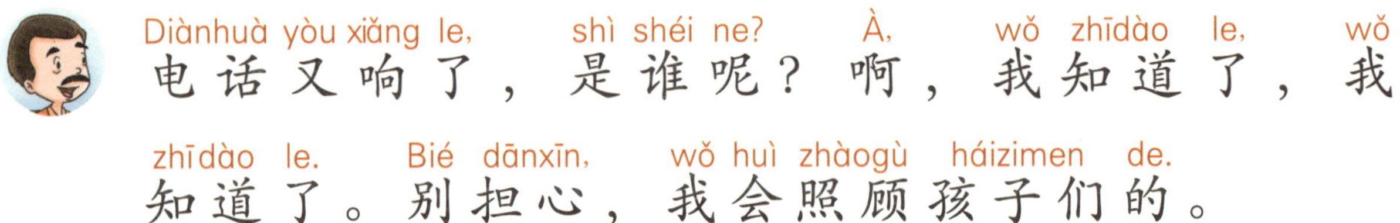

Diànhuà yòu xiǎng le, shì shéi ne? À, wǒ zhīdào le, wǒ
电话又响了，是谁呢？啊，我知道了，我

zhīdào le. Bié dānxīn, wǒ huì zhàogù háizimen de.
知道了。别担心，我会照顾孩子们的。

Yéye, shéi de diànhuà?
爷爷，谁的电话？

Shì nǐ bàba de. Tā zhèng yào xiàbān, tūrán sònglái yí gè bìng-
是你爸爸的。他正要下班，突然送来一个病

rén, bìng de hěn lìhai, suīrán xiànzài yǐjīng bù wēixiǎn le,
人，病得很厉害，虽然现在已经不危险了，

dànshì tā bù néng mǎshàng líkāi yīyuàn.
但是他不能马上离开医院。

Zěnme bàn ne? Wǒmen xiànzài yòu è yòu kě!
怎么办呢？我们现在又饿又渴！

Wǒmen zìjǐ xiǎng bànfǎ. Lái, kànkan bīngxiāng lǐ yǒu shénme chī de.
我们自己想办法。来，看看冰箱里有什么吃的。

Lái, chángchang wǒ zuò de xiǎobáiyā, zuótiān chāoshì mǎi de jiǎo-
来，尝尝我做的小白鸭，昨天超市买的饺

zi.
子。

Hā hā hā, qǐng kàn wǒmen de cài, huǒshān fēi xuě, xīhóngshì
哈哈哈，请看我们的菜，火山飞雪，西红柿

shang fàng báitáng.
上放白糖。

Wǒmen zhèlǐ yǒu niúnǎi bǐnggān, bīngxiāng lǐ hái yǒu qiǎokèlì bīngjīlíng.
我们这里有牛奶饼干，冰箱里还有巧克力冰激凌。

Wǒ zuò fúwùyuán, liù shuāng kuàizi gòule ma?
我做服务员，六双筷子够了吗？

Gòu le. Dàjiā hē shénme yǐnliào, guǒzhī háishi kělè?
够了。大家喝什么饮料，果汁还是可乐？

Kělè ba. Lái, gānbēi, zhù yéye shēntǐ jiànkāng.
可乐吧。来，干杯，祝爷爷身体健康。

Zhù nǐmen xìngfú kuàilè.
祝你们幸福快乐。

第11课 Vocabulary

为了	wèile
成绩	chéngjì
烤鸭	kǎoyā
羊肉	yángròu
辣	là
寒假	hánjià
接	jiē
担心	dānxīn
照顾	zhàogù
开会	kāihuì
可能	kěnéng
响	xiǎng
已经	yǐjīng
危险	wēixiǎn
渴	kě
冰箱	bīngxiāng
尝	cháng
西红柿	xīhóngshì
饼干	bǐnggān
冰激凌	bīngjīlíng
服务员	fúwùyuán
双	shuāng
筷子	kuàizi
够	gòu
饮料	yǐnliào
幸福	xìngfú

Supplementary Words

取得	qǔdé
请客	qǐngkè
川菜	chuāncài
下班	xiàbān
事	shì
晚	wǎn
火山	huǒshān
病	bìng
可乐	kělè
干杯	gānbēi

第12课 Vocabulary

盒子	hézi
搬	bān
照片	zhàopiàn
玩具	wánjù
合适	héshì
女儿	nǚ’ér
放假	fàngjià
心情	xīnqíng
难过	nánguò
变化	biànhuà
越来越	yuèláiyuè
礼貌	lǐmào
熟悉	shúxi
将来	jiānglái
电子邮件	diànzǐ yóujiàn
地址	dìzhǐ
联系	liánxì
信封	xìnfēng
对(介)	duì
感兴趣	gǎnxìngqù
毕业	bìyè
初中	chūzhōng
幸福	xìngfú
暑假	shǔjià
照相	zhàoxiàng

Supplementary Words

明年	míngnián
封	fēng
信	xìn
全	quán
想起	xiǎngqǐ
亲爱	qīn’ài
文化	wénhuà
茄子	qiézi

不会忘记你

Hézi lǐ shì shénme?
盒子里是什么？

Shì wǒmen gěi Tián lǎoshī de lǐwù. Tīngshuō tā jiā yào bāndào
是我们给田老师的礼物。听说她家要搬到

Shànghǎi, tā míngnián bù jiāo wǒmen le.
上海，她明年不教我们了。

Nǐmen dǎsuàn sòng lǎoshī shénme?
你们打算送老师什么？

Yì fēng xìn hé yì zhāng wǒmen quán bān de zhàopiàn, hái yǒu yí gè xiǎo wánjù.
一封信和一张我们全班的照片，还有一个小玩具。

Sòng lǎoshī wánjù, bú tài héshì ba?
送老师玩具，不太合适吧？

Shì sònggěi tā de xiǎo nǚ'ér de.
是送给她的小女儿的。

Tóngxuémen, míngtiān jiù yào fàngjià le. Wǒ de xīnqíng
同学们，明天就要放假了。我的心情

jì gāoxìng, yòu nánguò. Gāoxìng de shì nǐmen dōu yǒu
既高兴，又难过。高兴的是你们都有

hěn dà biànhuà, xué de Hànzì yuèláiyuè duō, chéngjì
很大变化，学的汉字越来越多，成绩

yuèláiyuè hǎo, dōu jì yǒnggǎn, yòu yǒu lǐmào; nánguò
越来越好，都既勇敢，又有礼貌；难过

de shì míngnián wǒ bù néng hé dàjiā zài yìqǐ xuéxí le.
的是明年我不能和大家在一起学习了。

Xiǎngqǐ wǒmen dì-yī cì jiànmiàn, hǎoxiàng shì zuótiān de shìqing,
想起我们第一次见面，好像是昨天的事情，

xiànzài wǒmen hùxiāng shúxi, chéngle hǎo péngyǒu. Xīwàng nǐmen
现在我们互相熟悉，成了好朋友。希望你们

jiānglái yuèláiyuè hǎo. Qǐng dàjiā xiěxià zìjǐ de diànzǐ yóujiàn
将来越来越好。请大家写下自己的电子邮件

dìzhǐ, wǒmen yǐhòu duō liánxì.
地址，我们以后多联系。

Tián lǎoshī, xìnfēng lǐ shì wǒmen xiěgěi nín de xìn. Dàjiā ràng
田老师，信封里是我们写给您的信。大家让

wǒ dú. Qīn'ài de Tián lǎoshī, nín jīngcháng shuō: Wǒ de xuésheng
我读。亲爱的田老师，您经常说：我的学生

dōu hěn cōngming. Hé nín zài yìqǐ, wǒmen bú zài hàipà kǎo-
都很聪明。和您在一起，我们不再害怕考

shì, bú zài tǎoyàn Hànzì, yě duì Zhōngguó wénhuà yuèláiyuè
试，不再讨厌汉字，也对中国文化越来越

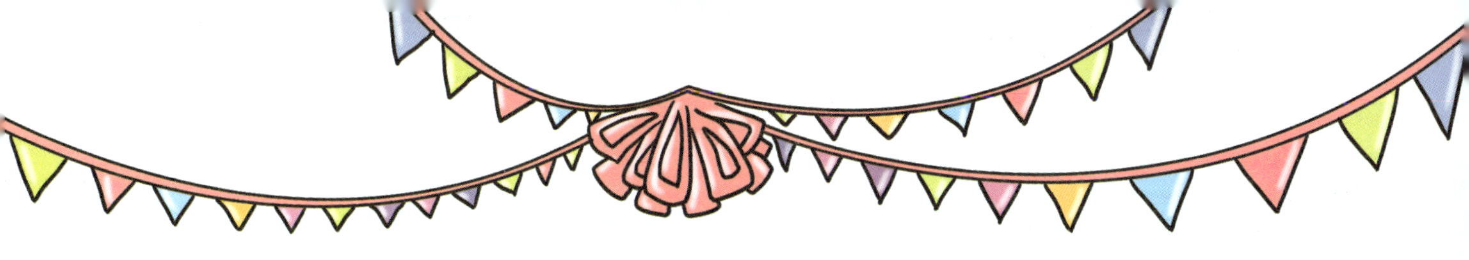

gǎnxìngqù le. Dàjiā bìyè shàng chūzhōng hòu, yě bú huì wàngjì
感兴趣了。大家毕业上初中后，也不会忘记

nín. Zhù nín yuèláiyuè niánqīng, yuèláiyuè xìngfú. Shǔjià de
您。祝您越来越年轻，越来越幸福。暑假的

shíhou, wǒmen yídìng qù Shànghǎi kàn nín.
时候，我们一定去上海看您。

Wǒmen yìqǐ zhàoxiàng ba.
我们一起照相吧。

Hǎo, yī èr sān··· Qiézi!
好，一二三……茄子！

SUNSHINE CHINESE WORKBOOK

姓名（Name）______________________________

班级（Class）______________________________

互相帮助

姓名 (Name) ____________ 班级 (Class) ____________

看看贴贴 Let's Paste

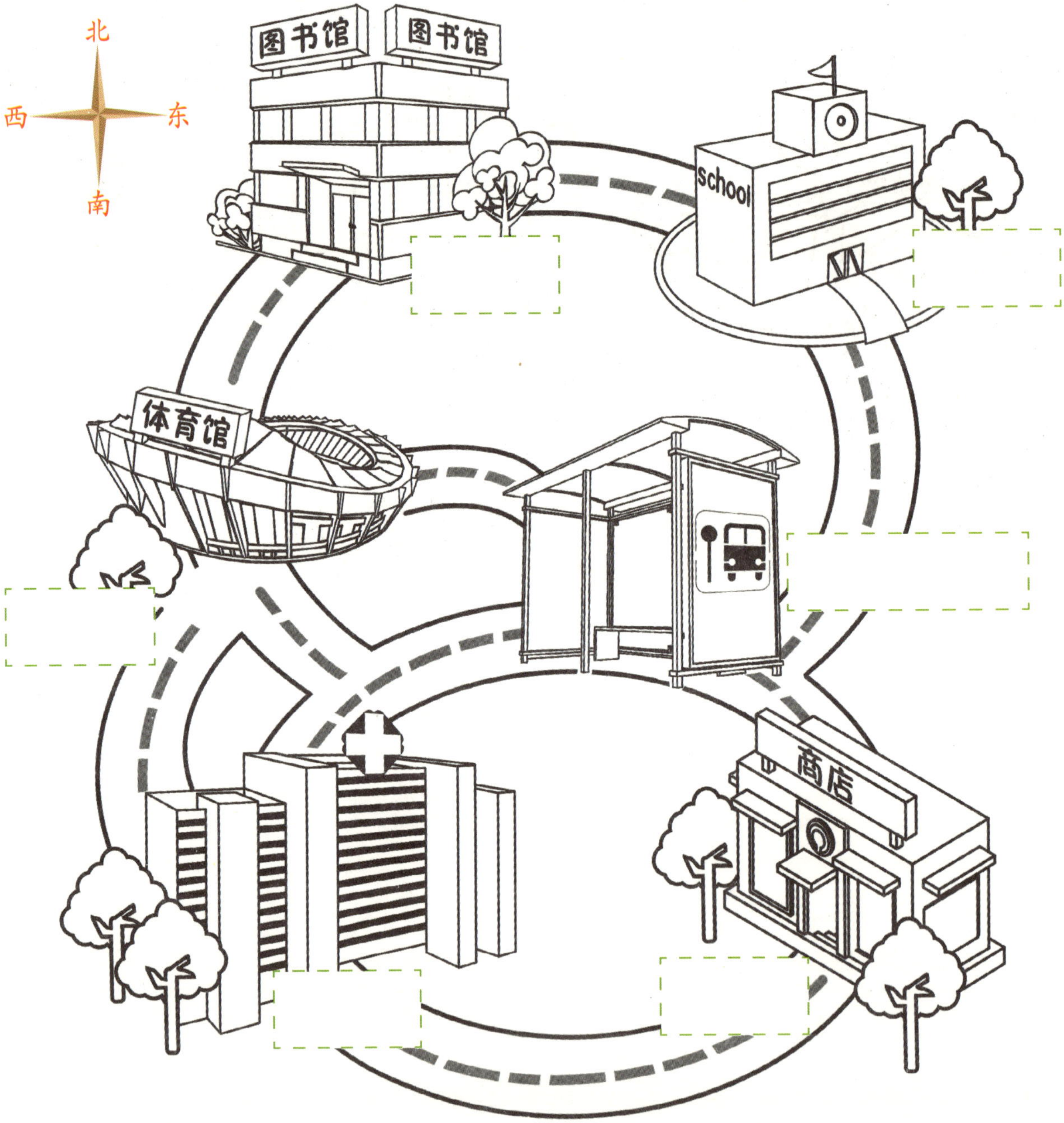

北
西
东
南

图书馆
图书馆
school
体育馆
商店

学校	医院	商店	体育馆	图书馆	公共汽车站

姓名 (Name) ______ 班级 (Class) ______

看看连连 Let's Match

等 děng

打扰 dǎrǎo

帮 bāng

考 kǎo

努力 nǔlì

借 jiè

互相帮助

姓名 (Name) ____________ 班级 (Class) ____________

zuìjìn 最近	be doing something	rènzhēn 认真
mǎshàng 马上	each other	bànfǎ 办法
jiù yào 就要	then	xiānghù 相互
zhèngzài 正在	at once	yíhuìr 一会儿
ránhòu 然后	way; method	
	for a while	
	recently	
	will do something soon	
	carefully	

姓名 (Name) ______________ 班级 (Class) ______________

听句子，标一标 Listen and Match

姓名 (Name) ____________ 班级 (Class) ____________

看图回答 Look and Answer

我的词典呢？

____

你去体育馆打乒乓球吗？

____

我们正在等你，你快点儿来，行吗？

____

打扰一下儿，你现在忙吗？

____

看看说说 Let's Speak

1. 汤姆可以帮和子<u>复习英语</u>。2. 和子可以帮汤姆__________。

3. 心爱可以教贝贝__________。4. 贝贝可以教林达__________。

5. 林达可以教汤姆__________。

姓名 (Name) ________ 班级 (Class) ________

　　汤姆打算________写作业，________和贝贝一起去体育馆打乒乓球。他不喜欢写汉字，就去找和子，想请和子________他写汉字作业。和子________做英语作业呢。和子对汤姆说：你________我________英语，我________你________汉字，________？

正在 zhèngzài　先 xiān　然后 ránhòu　帮 bāng　考 kǎo　行吗 xíng ma

看看说说 Let's Speak

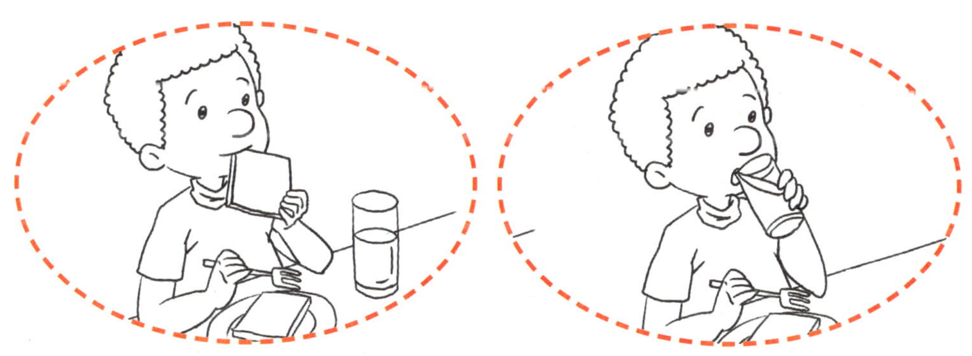

1. 我们先<u>吃面包</u>，然后<u>喝牛奶</u>。

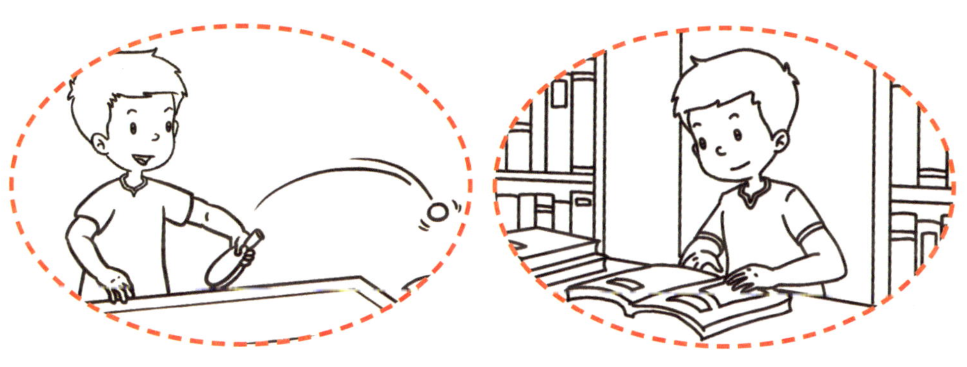

2. 贝贝先______，然后______。

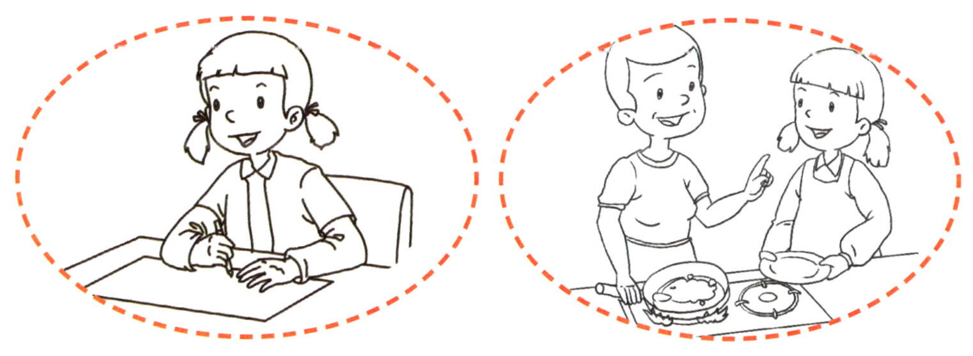

3. 李心爱先______，然后______。

看图讲故事 Story Telling

A

马上就要考试了。

武

C

D

你帮我写……

E

F

你帮我复习……

我帮你复习……

正确的顺序（The Correct Order）：

____

姓名 (Name) ____________ 班级 (Class) ____________

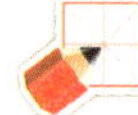

写汉字 Let's Write

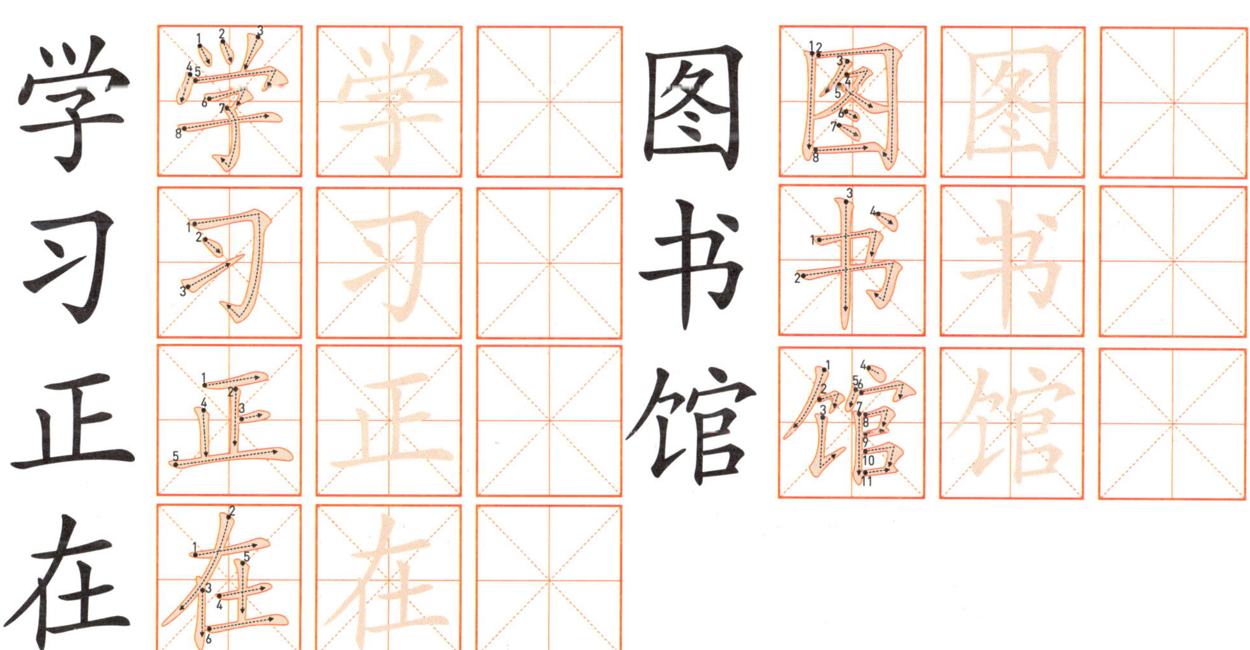

读读写写 Read and Write

在过去的一周里，你帮别人做过什么事吗？别人帮你做过什么事吗？试试看，用汉语来记录生活！

Did you help someone or did someone help you last week? Try to record your life in Chinese!

____

____

____

姓名 (Name) ________ 班级 (Class) ________

贴贴读读 Paste and Read

这是一场足球 ____，穿红色衣服的是红 ____，穿蓝色衣服的是蓝 ____。有一个人拿着一 ____ 黄色的牌子，他怎么了？19号做 ____ 了什么？我看不 ____。比赛什么时候再 ____ 呢？

看看连连 Let's Match

1+1=

排队 páiduì

10-1=

挂 guà

加 jiā

旧 jiù

黑板 hēibǎn

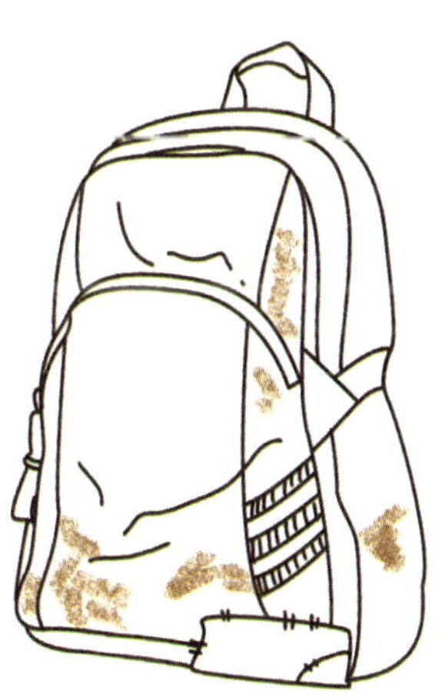

减 jiǎn

猜字游戏

姓名 (Name) ____________ 班级 (Class) ____________

看看连连 Let's Match

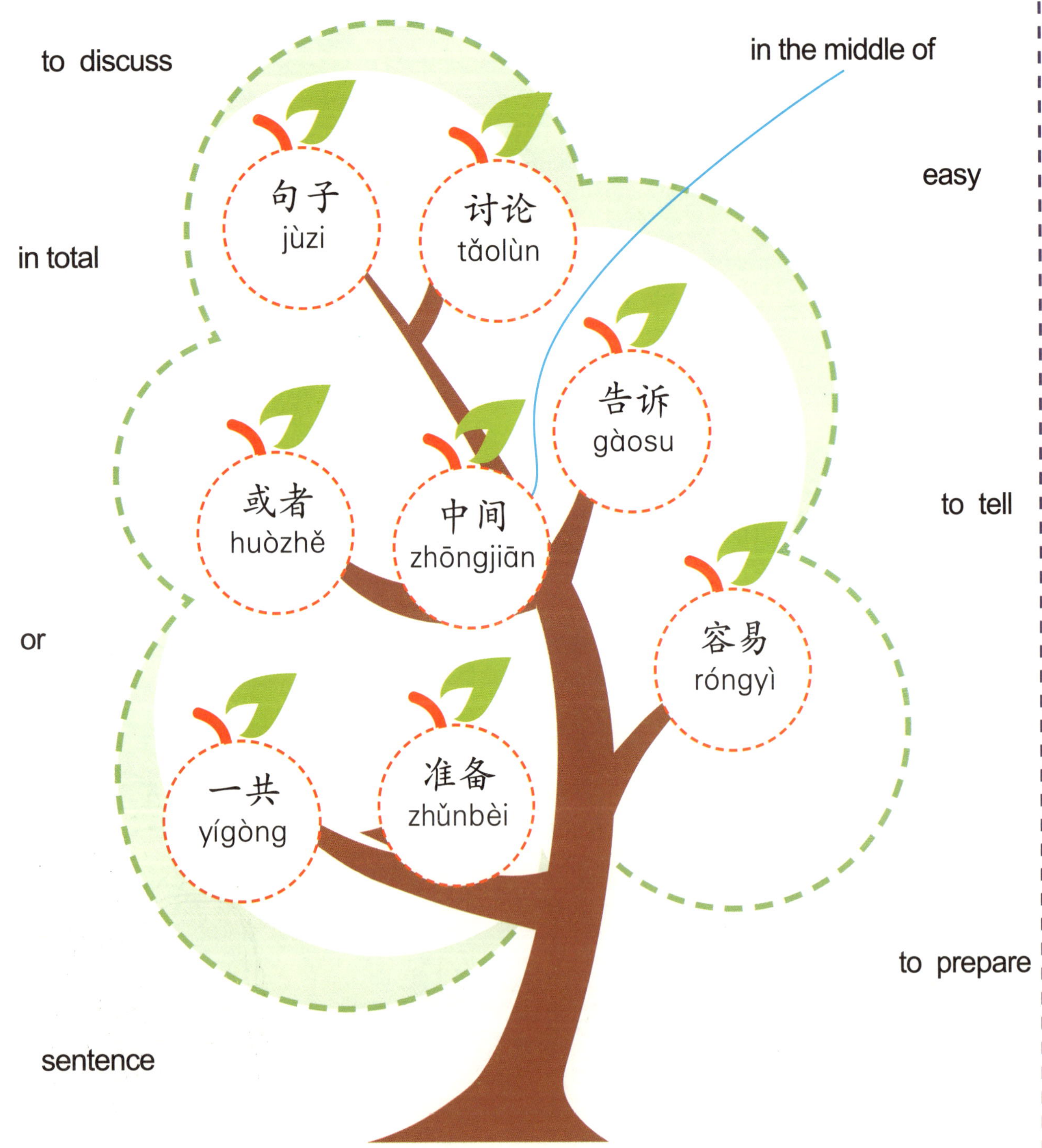

姓名 (Name) ____________ 班级 (Class) ____________

听句子，标一标 Listen and Match

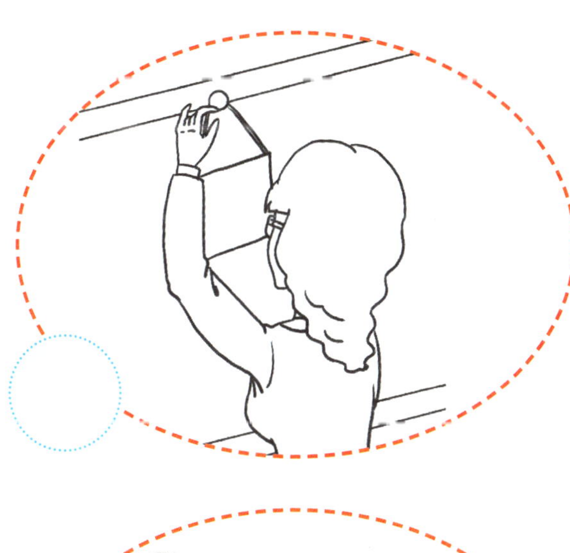

1

猜字游戏

姓名 (Name) ____________ 班级 (Class) ____________

读问题，说答案 Look and Answer

你们同意不同意？

听明白了没有？

听清楚了吗？

你知道不知道？

姓名 (Name) ________ 班级 (Class) ________

猜猜说说 Guess and Speak

一日里→这个字是________。因为________

一十一→这个字是________。因为________。

这个字是________。因为________。

这是________的名字。因为________。

这是________的名字，因为________。

这是________的名字，因为________。

这是________的名字，因为________。

姓名 (Name) ____________ 班级 (Class) ____________

读读写写 Read and Write

田老师在汉字课上和同学们玩猜字游戏。大家先________，男生一队，女生一队。田老师准备了几张卡片，卡片上写着汉字________画________画儿。她________卡片________在黑板上。女生队________得3分。这个游戏真有意思！

排队 páiduì	一共 yígòng	或者 huòzhě	着 zhe	挂 guà	把 bǎ

看看说说 Let's Speak

1. 饺子 好吃极了 ！

2. 李心爱的新衣服________！

3. 这次考试________！

姓名 (Name) ____________ 班级 (Class) ____________

看图讲故事 Story Telling

正确的顺序（The Correct Order）：

姓名 (Name) ____________ 班级 (Class) ____________

写汉字 Let's Write

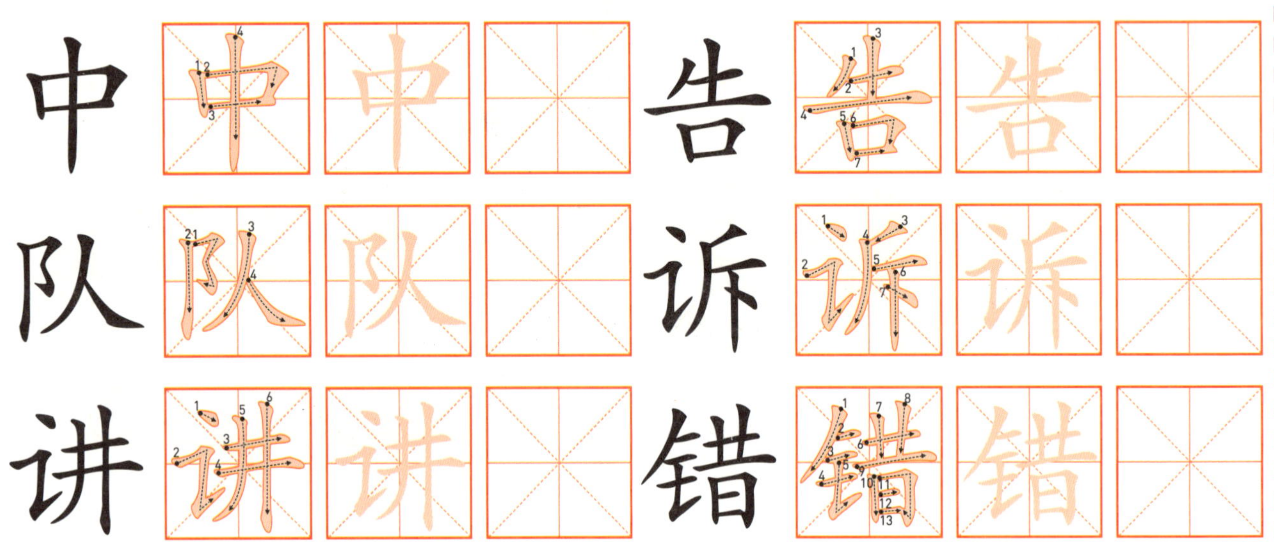

读读写写 Read and Write

用你已经学过的汉字，尝试编几个汉字字谜。

Try to create some Chinese character riddles, using the characters that you have learned.

____

____

____

唱一唱 Let's Sing

猜字谜

准备好，准备好，
我们一起来猜字谜。

一日里，是什么字？
一日里，是“田”字。
“田”的中间是什么字？
“田”的中间是个“十”。

明白吗？明白了！
汉字真的很容易，很容易。

教室的窗户被打破了 姓名 (Name) ________ 班级 (Class) ________

看看贴贴 Let's Paste

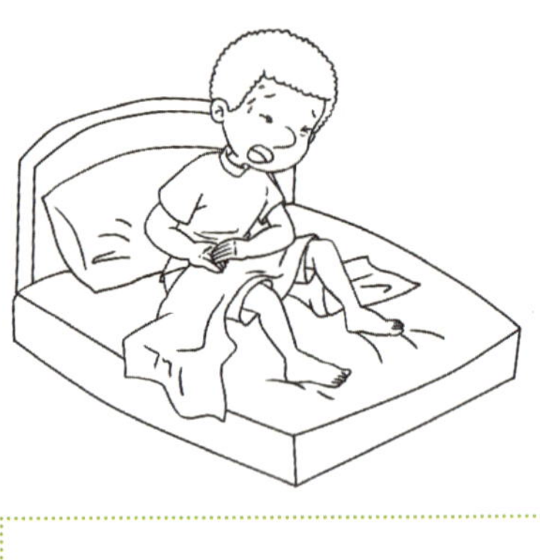

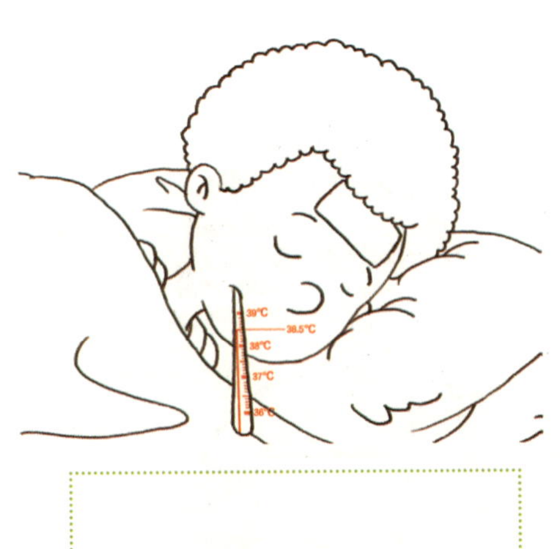

姓名 (Name) ____________ 班级 (Class) ____________

看看连连 Let's Match

校园 xiàoyuán

下午 xiàwǔ

害怕 hàipà

小心 xiǎoxīn

孩子 háizi

破门 pò mén

勇敢 yǒnggǎn

教室的窗户被打破了 姓名 (Name) __________ 班级 (Class) __________

看看连连 Let's Match

probably

if

then

should;have to

just now

think;conceive

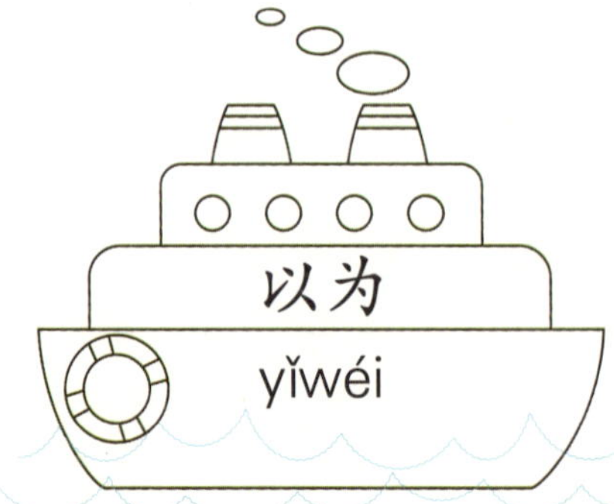

姓名 (Name) __________ 班级 (Class) __________

听句子，标一标，连一连 Listen, Number and Match

4 窗户被打破了。

窗户关着呢。

汤姆给李心爱打电话。

汤姆把球踢到了窗户上。

窗户被风刮开了。

教室的窗户被打破了 姓名 (Name) ____________ 班级 (Class) ____________

读问题，说答案 Read and Answer

汤姆给李心爱打电话说了什么？

汤姆什么时候在学校踢足球了？

汤姆真的生病了吗？

看看说说 Let's Speak

1. 如果你生病了，那么____________！

2. 刮风了，我们应该______________！

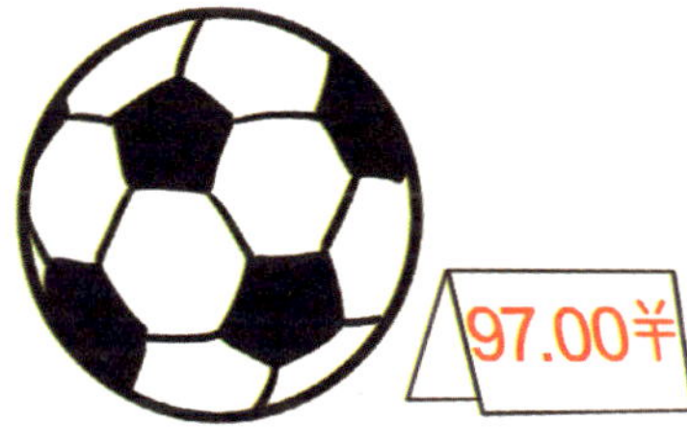

3. 这个足球大概__________________！

4. 如果你真的做错了，那么________！

5. 这是“6”吗？我以为是___________！

6. 今天他没来上课，大概________！

教室的窗户被打破了

姓名 (Name) ________ 班级 (Class) ________

读读写写 Read and Write

教室的窗户______打破了。这是怎么回事？同学们走进教室的时候，窗户关______呢！昨天______汤姆在校园里踢足球的时候，不小心把球踢______教室的窗户上了。汤姆______老师会很生气，但是老师说他是个______的孩子。

下午 xiàwǔ	着 zhe	被 bèi	到 dào	勇敢 yǒnggǎn	以为 yǐwéi

看看说说 Let's Speak

（如果……那么……）

妈妈：如果 你现在不起床 ，
那么 今天就要迟到了 ！

林达：没关系，今天我们和老师九点在公园门口见面。

（应该）

（大概）

姓名 (Name) ____________ 班级 (Class) ____________

看图讲故事 Story Telling

正确的顺序（The Correct Order）：

教室的窗户被打破了

姓名 (Name) ____________ 班级 (Class) ____________

写汉字 Let's Write

小

大

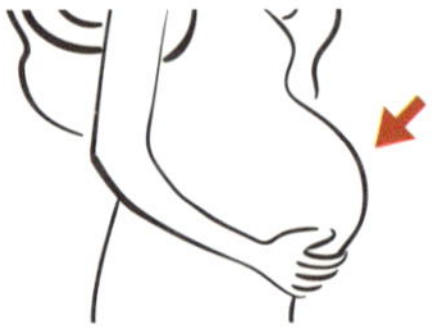

肚

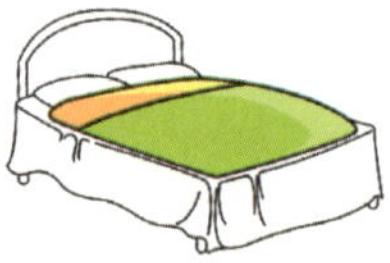

被

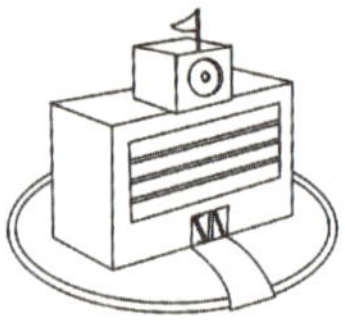

校

怕

破

读读写写 Read and Write

你有没有做错过什么事？试着用汉语写出你的体验。

Did you make some mistakes? Try to write your experience about it in Chinese.

____

____

____

读一读 Let's Read

窗户被谁打破了？

汤姆请你告诉我，
窗户被谁打破了？
大概是被风打破了。
如果你生病是真的，
那么你应该去医院。

如果窗户被你打破了，
请你勇敢告诉我。
勇敢告诉我，告诉我。
窗户被谁打破了？

姓名 (Name) ____________ 班级 (Class) ____________

看图说话 Look and Speak

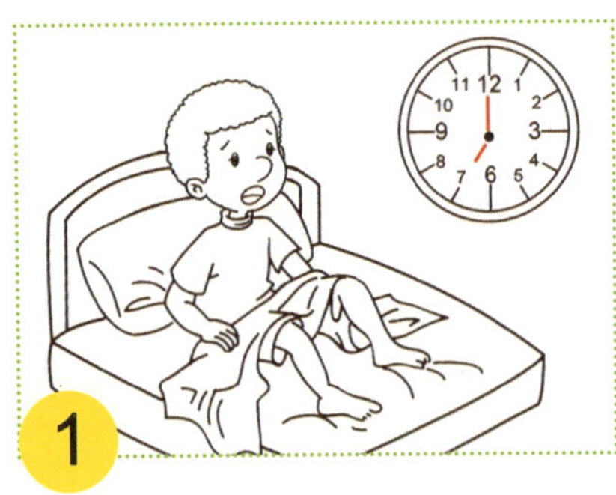

____

____

____

____

____

____

____

____

____

看看连连 Let's Match

报纸 bàozhǐ

杂志 zázhì

锻炼 duànliàn

记者 jìzhě

邻居 línjū

年轻 niánqīng

老 lǎo

工作 gōngzuò

功夫 gōngfu

周末 zhōumò

不怕慢，就怕站

姓名 (Name) ____________ 班级 (Class) ____________

看看连连 Let's Match

take part in | to celebrate | whatever | success | sometimes

习惯 xíguàn
参加 cānjiā
有时候 yǒushíhou
健康 jiànkāng
祝贺 zhùhè
坚持 jiānchí
无论 wúlùn
附近 fùjìn
成功 chénggōng

around | be accustomed to | to stick to do | be healthy

姓名 (Name) ________ 班级 (Class) ________

听句子，标一标，连一连 Listen, Number and Match

( ) 王爷爷上电视了。

(1) 我家住十层。

( ) 我一边听新闻，一边散步。

( ) 心爱每天坚持练习钢琴。

( ) 王爷爷在公园练习中国功夫。

不怕慢，就怕站

姓名 (Name) ______________ 班级 (Class) ______________

读问题，说答案 Read and Answer

您身体这么健康，有什么好方法？

您平时怎么锻炼？

看看说说 Let's Speak

1. 无论做什么，都必须坚持！(做)

2. 无论________，李心爱都__________！(星期)

3. 无论________，爷爷都__________！(冷)

4. 无论________，妈妈都__________！(忙)

5. 无论________，我们都__________！(害怕)

不怕慢，就怕站

姓名 (Name) ____________ 班级 (Class) ____________

读读写写 Read and Write

王爷爷参加爬山比赛，变成了________的人。他的身体非常健康，因为他________坚持早起，无论春夏秋冬，五点一刻________准时去锻炼！他________走着上楼，不坐电梯。________，他和儿子、孙子一起去爬山。他说："不怕慢，________怕站！生活中无论做什么，________必须坚持。"

一定 yídìng	经常 jīngcháng	有名 yǒumíng	一直 yìzhí	就 jiù
都 dōu	有时候 yǒushíhou			

看看说说 Let's Speak

（散步　练习中国功夫）

我经常去公园散散步，练习练习中国功夫。

（看电视　写作业）

放学后，我________________________________。

（跑步　爬山）

周末我喜欢________________________________。

看图讲故事 Story Telling

正确的顺序（The Correct Order）：

____

不怕慢，就怕站

姓名 (Name) ____________ 班级 (Class) ____________

写汉字 Let's Write

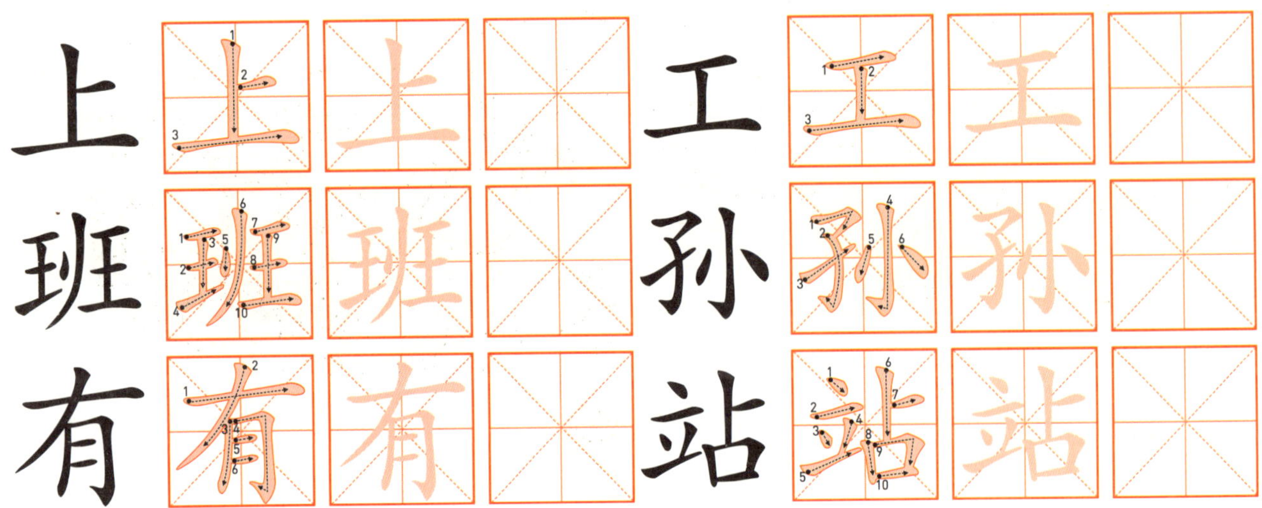

读读写写 Read and Write

你平时锻炼身体吗？说一说你有哪些好的锻炼方法。

How often do you take physical exercise? Try to write some good fitness method in Chinese.

____

____

____

 唱一唱 Let's Sing

新健康歌

早早起，洗洗脸，
听听新闻，出去走走。
每天，每天，都准时锻炼。
不坐电梯，上楼下楼，
是个好习惯。
公园散步，练练功夫，
有时爬爬山。
春夏秋冬，一直锻炼，身体会健康。
不怕慢，就怕站，坚持最重要！

姓名 (Name) ________ 班级 (Class) ________

看看贴贴 Let's Paste

烤鸭	饺子	羊肉

冰激凌	果汁	可乐	筷子	杯子	饼干	川菜	西红柿

姓名 (Name) ____________ 班级 (Class) ____________

 看看连连 Let's Match

请客 qǐngkè

成绩 chéngjì

辣 là

下班 xiàbān

服务员 fúwùyuán

开会 kāihuì

冰箱 bīngxiāng

干杯 gānbēi

姓名 (Name) ________ 班级 (Class) ________

看看连连 Let's Match

dānxīn
担心

in order to

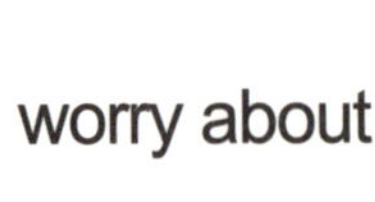

worry about

thirsty

to obtain

winter vocation

probably

be late

already

to take care

to ring

姓名 (Name) ____________ 班级 (Class) ____________

读读连连 Let's Match

我要少吃肉，多吃菜。

妈妈正在开会。

爸爸正要下班。

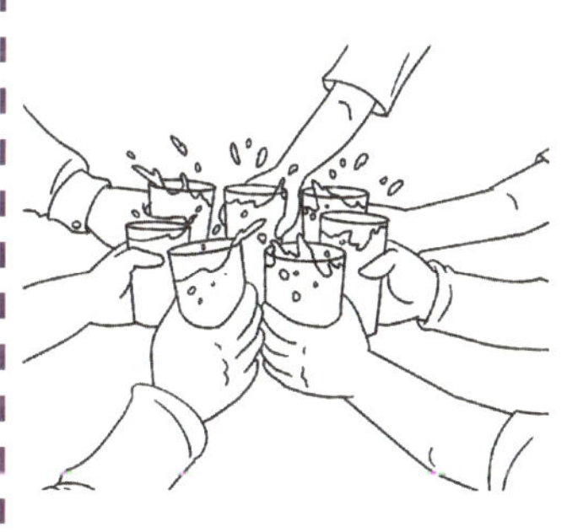

我们又饿又渴。

来，我们干杯。

六双筷子够了吗？

爸爸请客

姓名 (Name) ________ 班级 (Class) ________

读问题，说答案 Read and Answer

贝贝的爸爸为什么要请客?

爸爸为什么不接我们去吃饭?

冰箱里有什么好吃的?

看看说说 Let's Speak

1. 爷爷祝贺贝贝 取得好成绩 。

2. 贝贝的爸爸让病人 ____________ 。

3. 爷爷让孩子们 ____________ 。

4. 贝贝请朋友们 ____________ 。

5. 和子请同学们 ____________ 。

读读写写 Read and Write

________祝贺爷爷爬山得奖、贝贝考试取得好成绩，爸爸________请客。他告诉贝贝________请朋友们一起去。爸爸打算下班后回家________他们去吃饭，但是，医院里________来了病人，爸爸不能离开。贝贝的妈妈在开会，________很晚才能回家。爷爷、贝贝和贝贝的朋友们在家一起做饭吃，真有意思！

可以 kěyǐ	为了 wèile	要 yào	接 jiē	可能 kěnéng	突然 tūrán

看看说说 Let's Speak

1. 你要少<u>喝饮料</u>，多<u>喝水</u>！

2. 你应该少________，多________！

3. 你要少________，多________！

姓名 (Name) ____________ 班级 (Class) ____________

看图讲故事 Story Telling

正确的顺序（The Correct Order）：

姓名 (Name) ____________ 班级 (Class) ____________

写汉字 Let's Write

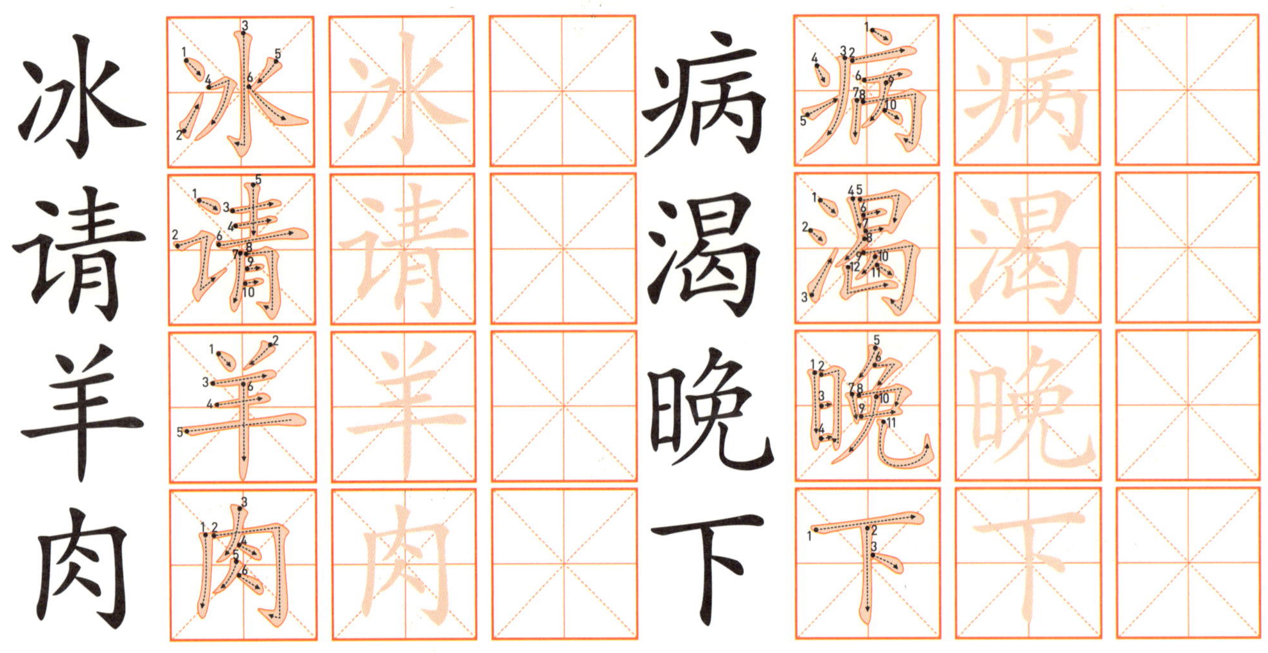

读读写写 Read and Write

你吃过中国菜吗？试着介绍一道你吃过的中国菜，或者你最喜欢吃的菜。

Did you ever try some Chinese food before? Introduce it or introduce your favorite dish instead.

____

____

____

唱一唱 Let's Sing

今天我请客

今天我请客，
你想吃什么？
吃羊肉，吃川菜，
或者吃烤鸭。
请你快选择。

羊肉没吃过，
川菜我怕辣。
我最喜欢吃饺子，
我也喜欢吃烤鸭。

祝贺你得好成绩，
今天我请客，
请你去吃烤鸭！

听听写写 Listen and Write

田老师________不能和同学们一起学习了，听说她家要________到上海。同学们送给她一________信和一张________班的________，还有一个送给她________的小________。田老师请大家写下____________地址，希望以后大家多________。

看看连连 Let's Match

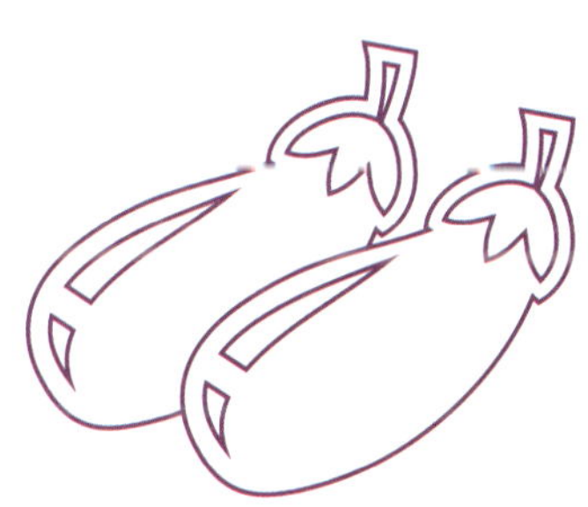

盒子 hézi

毕业 bìyè

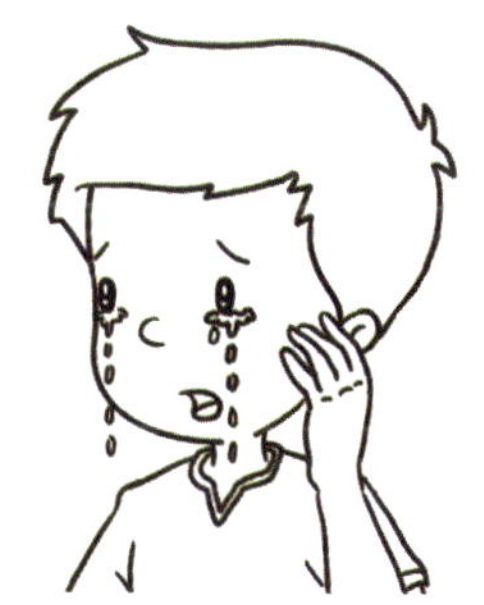

信封 xìnfēng

幸福 xìngfú

难过 nánguò

礼貌 lǐmào

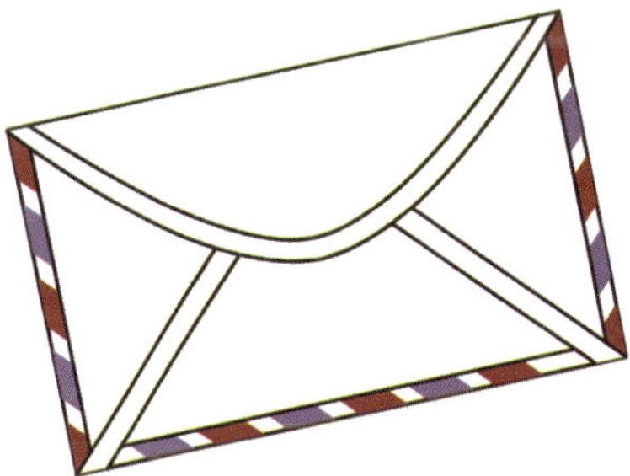

照相 zhàoxiàng

茄子 qiézi

 读读连连 Let's Match

wénhuà 文化	mood	xiǎngqǐ 想起
xīnqíng 心情	culture	shúxi 熟悉
shǔjià 暑假	summer vocation	jiānglái 将来
biànhuà 变化	change	chūzhōng 初中
	recall; remind	
	future	
	junior high school	
	familiar	

姓名 (Name) ____________ 班级 (Class) ____________

听句子，标一标，连一连 Listen, Number and Match

( ) 想起我们第一次见面，好像是昨天的事情。

( ) 每个人都既聪明，又懂礼貌。

(1) 田老师家要搬到上海去。

( ) 请告诉我你的电子邮件地址。

( ) 来，我们一起照相吧！

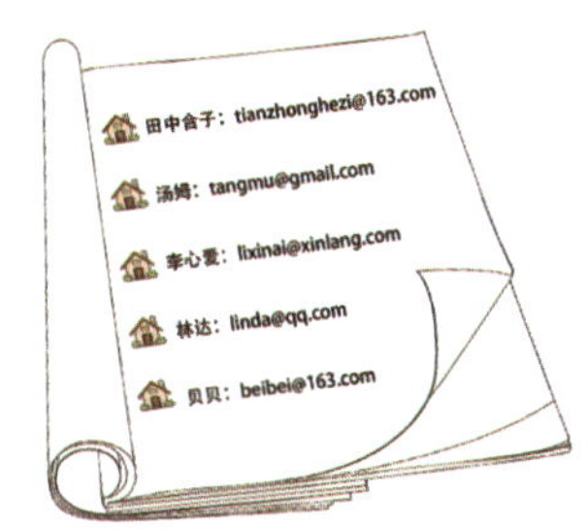

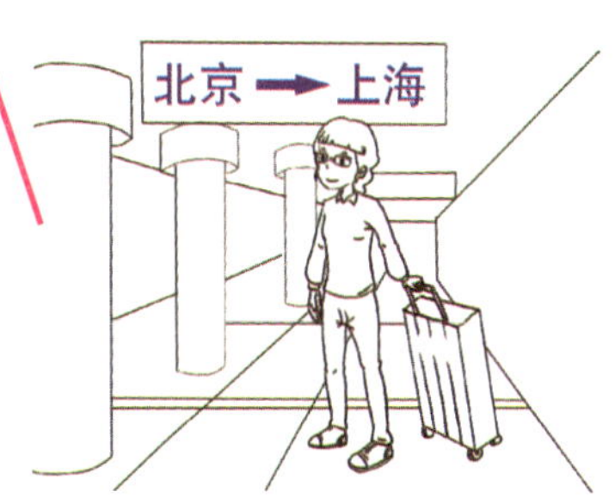

姓名 (Name) ____________ 班级 (Class) ____________

读问题，说答案 Read and Answer

同学们有什么变化?

放暑假的时候，同学们要去哪儿?

看图写句子 Complete the Sentences

1. 汤姆对__________很感兴趣。

2. 李心爱对________很感兴趣。

3. 林达对__________很感兴趣。

看看说说 Let's Speak

1. 林达不再 害怕考试了 。(害怕)

2. 田老师不再______________。(教)

3. 和子不再______________了。(病)

看图讲故事 Story Telling

正确的顺序（The Correct Order）：

姓名 (Name) ________ 班级 (Class) ________

写汉字 Let's Write

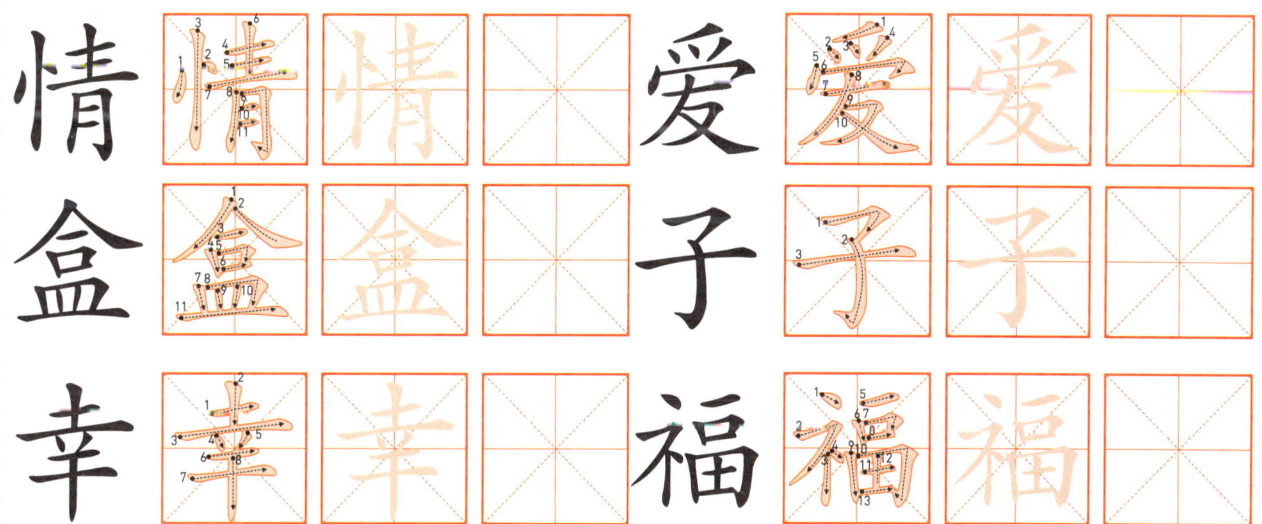

读读写写 Read and Write

给一个难忘的人写一张心意卡片。

Write a card to someone which you cannot forget.

____

____

____

Word List

	Pinyin	Character	Unit
B	bān	搬	12
	bàozhǐ	报纸	10
	bèi	被	9
	bǐsài	比赛	8
	bìxū	必须	10
	bìyè	毕业	12
	biànhuà	变化	12
	bīngjīlíng	冰激凌	11
	bīngxiāng	冰箱	11
	bǐnggān	饼干	11
C	cānjiā	参加	10
	céng	层	10
	cháng	尝	11
	chéngjì	成绩	11
	chūzhōng	初中	12
	chuānghu	窗户	9
	cuò	错	8
D	dǎrǎo	打扰	7
	dàgài	大概	9
	dānxīn	担心	11
	de	地	10
	děng	等	7
	dìzhǐ	地址	12
	diàntī	电梯	10

	Pinyin	Character	Unit
	diànzǐ yóujiàn	电子邮件	12
	duì	对（介）	12
	dùzi	肚子	9
	duànliàn	锻炼	10
E	érzi	儿子	10
F	fāshāo	发烧	9
	fàngjià	放假	12
	fēicháng	非常	8
	fúwùyuán	服务员	11
	fùjìn	附近	10
	fùxí	复习	7
G	gǎnxìngqù	感兴趣	12
	gāngcái	刚才	9
	gàosu	告诉	8
	gōngfu	功夫	10
	gōngzuò	工作	10
	gòu	够	11
	guà	挂	8
H	háizi	孩子	9
	hàipà	害怕	9
	hánjià	寒假	11
	héshì	合适	12
	hézi	盒子	12
	hùxiāng	互相	7

Word List

	Pinyin	Character	Unit
	huòzhě	或者	8
J	jí	极	8
	jiā	加	8
	jiānchí	坚持	10
	jiǎn	减	8
	jiànkāng	健康	10
	jiānglái	将来	12
	jiǎng	讲	8
	jiē	接	11
	jiè	借	7
	jǐnzhāng	紧张	10
	jiù	旧	8
	jùzi	句子	8
K	kāihuì	开会	11
	kāishǐ	开始	8
	kǎoyā	烤鸭	11
	kě	渴	11
	kěnéng	可能	11
	kè	刻	10
	kuàizi	筷子	11
L	là	辣	11
	lǎo	老	10
	lǐmào	礼貌	12
	lìhai	厉害	9

	Pinyin	Character	Unit
	liánxì	联系	12
	liǎn	脸	10
	línjū	邻居	10
	lóu	楼	10
M	mǎshàng	马上	7
	míngbai	明白	8
N	nánguò	难过	12
	niánqīng	年轻	10
	nǚ'ér	女儿	12
P	páshān	爬山	10
	páiduì	排队	8
	pò	破	9
R	ránhòu	然后	7
	rènzhēn	认真	7
	róngyì	容易	8
	rúguǒ⋯nàme⋯	如果……那么……	9
S	sànbù	散步	10
	shàngbān	上班	10
	shēnghuó	生活	10
	shēngqì	生气	9
	shúxi	熟悉	12
	shǔjià	暑假	12
	shuāyá	刷牙	10
	shuāng	双	11

Word List

	Pinyin	Character	Unit
	sūnzi	孙子	10
T	tǎolùn	讨论	8
	tèbié	特别	10
	tǐyùguǎn	体育馆	7
	tíng	停	10
	túshūguǎn	图书馆	7
W	wánjù	玩具	12
	wēixiǎn	危险	10
	wèile	为了	11
	wúlùn	无论	10
X	xīhóngshì	西红柿	11
	xíguàn	习惯	10
	xiǎng	响	11
	xiǎoxīn	小心	9
	xiàoyuán	校园	9
	xīnwén	新闻	10
	xīnqíng	心情	12
	xìnfēng	信封	12
	xǐng	醒	9
	xìngfú	幸福	11
Y	yángròu	羊肉	11
	yè	页	7
	yígòng	一共	8
	yíhuìr	一会儿	7
	yǐjīng	已经	11
	yǐwéi	以为	9
	yǐnliào	饮料	11
	yīnggāi	应该	9
	yǒnggǎn	勇敢	9
	yòng	用	8
	yǒumíng	有名	10
	yuèláiyuè	越来越	12
Z	zázhì	杂志	10
	zhàn	站	10
	zhāng	张	8
	zhàogù	照顾	11
	zhàopiàn	照片	12
	zhàoxiàng	照相	12
	zhèngzài	正在	7
	zhōngjiān	中间	8
	zhōumò	周末	10
	zhù	住	10
	zhùhè	祝贺	10
	zhǔnbèi	准备	8
	zuìjìn	最近	7